HOMESTYLING

En gör-det-själv-guide inför visning och försäljning av din bostad

HOMESTYLING

En gör-det-själv-guide inför visning och försäljning av din bostad

Text och idé: Charlotta Lindell
Foto: Jeanette Westberg

Text: Charlotta Lindell

Foto: Jeanette Westberg

Layout: Morigo

Tryck: Kopa, Litauen 2012

FÖRSTA UPPLAGAN

ISBN: 978-91-637-1231-9

MORiGO
www.morigo.se

Innehåll

Homestaging, homestyling, flyttstyling …

Introduktion

Homestaging, homestyling, flyttstyling ... Termerna är många, men det är samma sak som avses. Det vill säga att med lite (ibland ganska mycket) fix och trix i hemmet, optimera chanserna till en lyckad bostadsaffär. Denna gör-det-själv-guide är **ett hjälpmedel till dig som är på väg att sälja din bostad och behöver inspiration och handfasta råd** innan du sätter igång med stylingen.

Känns det för tidskrävande att göra jobbet själv kan man anlita en professionell homestylingfirma som hjälper till med detta. Den tjänsten är, precis som mycket annat, avdragsgill i samband med försäljning av bostaden. De hjälper även till med konsultation om du vill göra stylingen själv, men behöver lite tips och idéer av en expert.

Många tror att homestyling bara handlar om att ställa fram en skål med frukt på bordet, men det är även mycket annat som behöver ordnas. Det man ska tänka på innan man sätter igång är vem bostaden vänder sig till. Hur många rum har den, det vill säga är den byggd för en person eller flera? Styla lägenheten så att den känns hemtrevlig, men inte för personligt. Den bör passa både män och kvinnor, gamla som unga.

I den här boken går vi igenom hur man kan kombinera färger och textilier, val av möbler och placering av dem för att uppnå bästa effekt inför fotografering och visning. Här finns även tips på vad man bör tänka på när det kommer till förvaring, belysning och självklart – detaljerna! Det är genuina mäklarbilder som används för att man ska få förståelse för hur bostaden kommer att framställas i annonsen. Boken **innehåller även före- och efterbilder på alla rum vi går igenom för att ni ska få se vilken skillnad det faktiskt gör med lite styling!**

Vi hoppas att den här gör-det-själv-guiden kan ge er inspiration och hjälp att lyckas med stylingen inför försäljningen av er bostad.

Varma hälsningar
Charlotta Lindell & Jeanette Westberg

Grunderna

Att homestyla en bostad handlar om att göra den attraktiv för så många potentiella köpare som möjligt.

Spekulanterna ska kunna bilda sig en uppfattning om hur de kan inreda med sina möbler efter eget tycke och smak, men samtidigt bli inspirerade av de möjligheter som just din bostad erbjuder.

Tanken är inte heller att du ska behöva bli ruinerad av att inhandla diverse kuddar och möbler. Se dig hellre om bland familj och vänner om du kan låna det som behövs till din homestyling under de veckor försäljningen pågår.

Här kommer lite grundläggande tips på hur du kan göra din bostad mer attraktiv.

– Se till att möblera **ljust och luftigt**, så att man enkelt kan se storleken på rummet och dess ytor.

– Ta bort så många **personliga föremål** som möjligt från väggar, hyllor och bord. Fotografier på familjen, vykort på kylskåpet och diplom från kurser är inget som intresserar en potentiell köpare, även om ni själva är väldigt stolta över dem! I stället kan känslan av att man befinner sig i någon annans hem göra spekulanterna lite mer reserverade.

– Håll **fönster och balkongdörrar** fria från tunga möbler. Det ska vara lätt att kunna gå fram och se utsikten från de olika rummen eller komma ut på eventuell uteplats.

– **Färsk frukt och utsmyckande blomster** piggar alltid upp ett rum och ger ett fräscht intryck. Var därför inte rädd för att placera ut grönt lite här och var i bostaden!

– **Färger gör underverk** för ett rum. Det enklaste och effektivaste sättet att liva upp en soffa eller säng är att lägga dit några färgglada kuddar eller en pläd.

– Sist men inte minst, och viktigast av allt, är städningen! A och O för att det första intrycket av din bostad ska bli positivt är att det är **rent och städat**. Var därför noga med att rengöra i varje skrymsle och vrå – och glöm inte lister och fönster!

Rent och städat är A och O för att det första intrycket av din bostad ska bli positivt ...

VÄNSTER: *Man kan ironisera över begreppet "ljust och fräscht", men det är faktiskt att föredra när man homestylar. Då kan de potentiella köparna lättare göra sig en uppfattning om rummet storlek och rymd. Piffa gärna upp med frukt, blommor och färgglada detaljer för att ge ett hemtrevligt intryck. Den gamla myten om hembakade bullar på ugnsplåten kan däremot kännas aningen överdrivet ...*

NEDAN: *Fasta inredningsdetaljer som den öppna spisen här på bilden bör skuras ur och framhävas på bilder och visning, då dessa ofta höjer värdet på din bostad.*

Färger & textilier

Ett rum livas enkelt upp med några strategiskt utplacerade färgklickar här och var – ett par kuddar i soffan, en snyggt vikt pläd på sängen eller nya fräscha handdukar på toaletten ...

Se dig omkring vad du har för nyanser på väggar, golv och i möblemanget. Välj sedan ut ett par accentfärger som fångar upp helheten och binder ihop rummet. Med accentfärger menas de färger som återkommer i detaljerna. Kanske en färg i tapetens mönster som matchar gardinen och mattan? Två tre accentfärger räcker för varje rum. Är bostaden liten bör man använda samma färger genomgående i hemmet. Det finns många stilar att inspireras av i heminredningsmagasin och möbelbutiker; chabby chick, New England, retro, kolonialt ... Även om det är roligt att mixa färger och mönster, så är det ändå bra att hålla sig till en enhetlig stil i hemmet. Annars kan det uppfattas som spretigt och ge ett oroligt intryck.

Här följer några exempel på hur vi tänker och som förhoppningsvis kan inspirera ...

OVAN: *Enfärgade kuddar i olika nyanser dämpar den orientaliskt mönstrade tapeten. En mörkare matta i samma tema ramar in sittgruppen och ger stabilitet åt rummet.*

OVAN: *De röda och guldiga detaljerna i fondväggen plockas upp av pläden och kuddarna. Tavlan på väggen går även den i samma färgskala.*

HÖGER: *Den häftiga tavlan i retrostil blickfånget i rummet, som i övrigt har ljus inredning. En stor samling kuddar i oli färger och former förhöjer effekten o mattorna markerar de olika sittgrupperr*

TIPS FÖR OLIKA TYPER AV TEXTILIER:

– **GARDINER** behövs inte alltid, t ex om rummet är litet eller har en vacker nisch. Men när du ska välja gardiner så tänk på hur rummet ser ut i övrigt. Har du en mönstrad tapet är det mer vilsamt för ögat med en enfärgad gardin som smälter in med resten av rummet. Om du har små fönster, byt till tunna eller små gardiner som släpper in så mycket ljus som möjligt.

– **KUDDAR** är alltid att föredra. De är lätta att placera ut och ger ett hemtrevligt intryck. Det är även ett enkelt sätt att binda ihop färger och mönster från väggar, mattor och gardiner.

– **VÄGGBONADER** är ett bra sätt att pynta en tom vägg om det inte finns tavlor till hands. Köp en bit mönstrad textil som matchar resten av möblemanget i ditt rum, häfta eller limma fast det på en fyrkantig trälist i passande storlek. Klart!

– **PLÄDAR & ÖVERKAST** kan behövas för att dölja sängkläderna. Det räcker med en stor filt eller ett enkelt överkast som täcker hela sängen. Finns möjlighet kan man med fördel använda sig av båda, och då vika pläden vid fotändan till exempel.

– **DUKAR OCH LÖPARE** kan vara bra att använda för att dölja en sliten bordsskiva. Om bordets träslag inte matchar de övriga träslagen i rummet kan man lägga på en heltäckande duk som matchar övriga färger i rummet.

– **HANDDUKAR** är ett enkelt sätt att liva upp ett badrum. Välj färger och mönster så att de matchar golv, väggar och övrig inredning. Stryk dem gärna innan så hänger de snyggare på kroken!

– **MATTOR** är inte bara till för att minska slitaget på golvet. De är även bra för att markera en sittgrupp och dämpa ljudet i ett rum.

VÄNSTER: *Det går alldeles utmärkt att blanda färger och mönster när man inreder, så länge de följer ett tema och förhöjer rummets helhetsintryck. Här går tavlans färger igen i soffkuddarna och plädarna.*

VÄNSTER: *Blanda gärna olika typer av material, färger och mönster när du stylar med textilier. Här intill ser vi ett bra exempel på hur dova nyanser blandas med färgglada och ändå ger ett sobert intryck. Den orangea kudden i fåtöljen plockar upp färgen i den mönstrade kudden på sängen. Den grå färgskalan kommer genast till liv när den får uttryck i olika material, som här i kuddar, matta och pläd.*

Här har man valt att flytta fåtöljen mot väggen, så att den inte står i vägen vid fotograferng och visning. Fria golvytor är att föredra i detta sammanhang.

Möblering

Ta en ordentlig överblick av varje rum. Står någon möbel i vägen? Känns något föremål skrymmande eller står det för en dörr eller ett fönster?

Flytta gärna runt möblerna lite för att hitta ett uttryck som känns luftigt och samtidigt hemtrevligt. Ha även i åtanke att det är bättre att ha få möbler än för många. Ett övermöblerat rum känns mindre än ett rum med få möbler.

En tumregel är att aldrig ställa föremål framför fönster eller altandörrar. Detta för att spekulanterna lätt ska kunna gå fram och njuta av utsikten från varje del av hemmet.

Blanda gärna gammalt och nytt för att ge balans åt inredningen. Bara nya möbler kan ge ett opersonligt intryck, så var inte rädd för att låta mormors gamla skänk stå kvar på visningen!

Prova att flytta runt möblerna tills du är nöjd. Skriv sedan en lista på vad du tycker fattas och fundera på hur du skulle kunna införskaffa dessa.

Ett alternativ är att hyra in möbler inför visningen. Den kostnaden, samt lagringskostnaden för dina befintliga möbler, är avdragsgilla vid försäljningen.

Ett annat alternativ är att fråga runt bland släkt och vänner om någon kan avvara en fåtölj eller matta under den period som fotografering och visning pågår.

Loppmarknader, second-handbutiker eller annonssajter på Internet brukar vara bra tillfällen att göra billiga fynd. Enklare lampor, småbord och dylikt kan ofta inhandlas för en billig penning på diverse möbelvaruhus.

OVAN: *Om bostaden har skjutdörrar mellan rummen är det bra att dra ut dem en bit så att spekulanterna inte missar denna detalj.*

NEDAN: *Ett egendesignat kollage av tidningsurklipp förgyller väggen över soffan. Den orientaliska mattan bryter effektfullt av mot den annars nordiskt svala inredningen och matchas upp med dekorativa kuddar.*

OVAN: *En enkel tältsäng draperat med ett överkast och några matchande kuddar förvandlar genast ett mindre utrymme till ett potentiellt gästrum. Sidobord och några väggdekorationer ger en ombonad känsla.*

OVAN: *Blanda gärna upp med äldre möbler och föremål i hemmet. Stolar och skrivbord som här ovan kan ofta fyndas till bra priser på loppmarknader och second-handbutiker eller på nätet. Finns tid och lust kan man måla möbeln i någon rolig färg, som här ovan.*

OVAN: Se till att hålla utrymmen kring fönster och dörrar fritt, så att man lätt kan gå fram och njuta av utsikten ur hemmets alla lägen. Rensa även fönsterbrädan från skrymmande föremål och större växter.

VÄNSTER: *Mattor är bra att använda sig av för att markera sittgrupp och matplats. Det ger även ett mjukt och hemtrevligt intryck. Men de ska inte användas för att dölja slitna golv. Spekulanterna måste få se i vilket skick bostaden är för att kunna göra sig en uppfattning om vad som eventuellt behöver renoveras.*

En säng, två sängbord, en pinnstol och en matta räcker som möblemang för att ge det här sovrummet en luftig atmosfär. Tavlan, textilierna och växterna bidrar med lite färg.

Blanda gärna gammalt och nytt för att ge balans åt inredningen ...

Förvaring & ytor

Det är alltid attraktivt med bostäder som erbjuder många förvaringsmöjligheter. Om du till exempel har föremål som skymmer garderober eller annan inbyggd förvaring, flytta gärna dem så att spekulanterna kan se vad som finns att tillgå.

Var även noga med att plocka bort så mycket som möjligt från golven, så att ytorna frigörs och bostaden känns luftig och lättöverskådlig.

Här följer några enkla knep för hur du kan få fler förvaringsutrymmen eller exponerar de som redan finns på bästa sätt.

– Se efter hur du möblerat kring **inbyggda skåp och garderober** så att det inte står skrymmande föremål i vägen för dessa. Det ska vara lätt att se vad som ingår i bostaden vid köp.

– Har du en **outnyttjad vrå** under trappan eller någon annanstans? Ta hjälp av personalen på närmsta byggvaruhus för att själv snickra ihop ett platsbyggt skåp som ger möjlighet till extra förvaring.

– Finns det en **klädkammare** kan det vara bra att se över den innan visning. Rensa ut så mycket att det blir överskådligt och ser städat ut. Även platsbyggda garderober kan öppnas av nyfikna spekulanter, så se till att kläderna ligger prydligt vikta och att det är dammat där inne.

– Rensa bort alla jackor och skor från **hallmöbeln**. Spara endast några få lättare ytterkläder (kappa, scarfes, skor) så att hallen inte känns för kal.

– **Stuva undan** så mycket som möjligt i byrålådorna av de möbler som ska stå kvar på visningen så slipper du flytta småsaker fram och tillbaka i onödan.

OVAN: *Spackla och måla om de väggar som är ojämna, slitna eller i dåligt skick. Sprickor i väggar eller avflagad färg kan få spekulanter att känna d mödosamt att flytta till din bostad. Se därför till att reparera så väl små som stora saker som ej håller måttet, om det finns budget för det. Ett tips är c måla de flesta väggar i ljusa färger, då detta tilltalar en bredare målgrupp. Rådfråga gärna din mäklare om vad som kan vara värt att renovera.*

Garderober & klädkammare

Rensa ut så mycket att det ser städat och fräscht ut i dina inbyggda garderober, klädkammare och förråd.

Sortera kläderna så att de hänger i ordning och vik det som ligger på hyllorna i snygga staplar. Skokartonger och dylikt bör även de placeras på hyllor och inte stå mitt på golvet. Lösa skor gör sig bäst på skohylla eller i skoställ som här nedan.

Har du svårt att hitta plats för allt? Investera i stora förvaringslådor. De sväljer mycket smått och gott och gör det dessutom enklare att hålla i sär halsdukar och vantar från badkläder och cyklop.

VÄNSTER: *Även bokhyllor och andra öppna förvaringslösningar bör rensas upp och dammas av inför fotografering och visning. Om böckerna står glest är det bättre att samla dem i grupp och i stället placera ut några vackra föremål som fyller utde tomma hyllorna.*

Belysning

Oavsett vad inredare har för olika stilar och åsikter, är de alla rörande överens om en sak: man kan aldrig ha för många belysningspunkter!

Hur du ska belysa ditt hem inför en visning hänger till viss del samman med vilken årstid du ska visa upp bostaden. Under vinterhalvåret kan man med fördel ha rikligt med belysning även dagtid för att bostaden ska framstå som ljus och inbjudande.

Om det tas kvällsbilder kan det vara mysigt att även tända ljus både inne och ute för en varm och ombonad känsla.

En sak att tänka på när man väljer belysning är att alla lampor i rummet går i samma stil. Man kan blanda retro med modernt, så länge de passar ihop och följer rummets inredning. Här listar vi några tips som kanske kan vara till hjälp:

– **Använd olika typer av belysning** i varje rum om det finns möjlighet; allmänljus (större golvlampor och taklampor), arbetsljus (läslampor och skrivbordslampor med starkare wattstyrka)och mysbelysning (smålampor med svag wattstyrka).

– **Placera hellre ut flera lampor** i rummet med svag belysning, 30-40 watt, än en enda med stark wattstyrka, även i de mindre rummen.

– **Stora hängande taklampor** (pendlar) ger en fin markering till bostadens sittplatser, till exempel över soffbordet eller matbordet.

– **Belys gärna mörka punkter** i ett rum med en golv-, bords- eller vägglampa för en trevlig atmosfär.

– **Spotlights** är kanske inget man installerar enbart för en visning, men är att föredra framför lysrör i kök, hall och badrum då de ger ett behagligare sken.

– **Även barnens rum** kan med fördel punktbelysas vid säng, skrivbord, fönster eller byrå/bokhylla.

Belys gärna mörka punkter i ett rum för att skapa en trevlig atmosfär ...

OVAN: *En hängande taklampa (pendel) markerar matplatsen och ger en elegant brytning mot resten av rummet.*

OVAN: *Spotlights ger ett mjukt och behagligt sken och är att föredra framför stark lysrörsbelysning.*

HÖGER: *Var inte rädd för att smycka med många lyktor och ljus om ni ska ta kvällsbilder. Det gör uteplatsen mysig och inbjudande.*

Blanda hellre flera lampor med olika ljusstyrkor i rummet än att bara ha en taklampa med stark wattstyrka. I det här rummet samsas fyra lampor och flertalet ljuslyktor, vilket ger en behaglig belysning.

Detaljerna

Det är de små tingen som gör den stora skillnaden, sägs det ju. När det kommer till homestyling och inredning överlag, så är det verkligen sant. En skål med frukt, en vas med blommor, eller några värmeljusstakar på ett bord gör större skillnad än man tror. Det låter kanske fånigt, men ta en titt på våra före- och efterbilder i Rum-kapitlen som följer här efter, så ser du vilken markant skillnad det lilla kan göra för helhetsintrycket.

Ta gärna inspiration av årstiden när du lägger an den sista touchen inför visningen. Kanske kan du ta in några grenar från naturen och ställa i en vas? Eller varför inte dekorera ett vackert fat med mossa och stenar. Det kan räcka med att lägga till några små detalj här och var i ett rum för att det ska framstå som lite mer gemytligt.

Ett tips är att samla ihop hemmets alla prydnadsföremål på ett bord, och sedan välja ut vilka som passar bäst i varje rum. Arrangera dem gärna i små grupper som på den lilla bilden här till vänster. Det ger en mer homogen känsla än om de står glest utspridda i bostaden. Ett litet kollage av några ljuslyktor och exempelvis en vas eller några vackra stenar på hallbyrån eller skänken i vardagsrummet bidrar med mysfaktor utan att bli för personligt.

Växter och grönt av olika slag gör stor skillnad på helheten, så blanda gärna upp inredningen med fruktskålar, krukväxter och snittblommor. Alla rum kan behöva någon form av klorofyll!

VÄNSTER: En enkel snittblomma i vas ger volym och skapar kontrast i rummet. På byrån har en grupp ljuslyktor och en liten vas samlats framför en tavla, som går ton i ton med rummets möbler.

NEDAN: *Öppna hyllösningar kan vara svåra att styla för att det inte ska se rörigt ut. Börja med att rensa hyllorna och ställ sedan tillbaka det som känns dekorativt. Här har man blandat gammalt och nytt i en brokig, men charmig, kombination. Att framhäva små ting under en glaskupa är ett enkelt sätt att skapa effekt på en liten yta.*

Tavlor

Det kan kännas klurigt att få till det där med tavlor när man inreder ett rum. Oftast har man samlat på sig en udda skara genom åren, som hängts på måfå där de fått plats. Här kommer därför lite tips på hur man kan kombinera dem så att de ger ett enhetligt och städat intryck.

– **Passar tavlorna ihop** med resten av inredningen? Kanske passar de bättre i något annat rum eller bör de plockas bort helt inför visningen?

– Häng hellre flera **tavlor i grupp** än utspritt i rummet. Det kan ge ett oroligt intryck om det hänger en tavla på varje vägg.

– Se till att alla väggföremål hänger **på samma höjd**. Ett litet misstag många gör är att hänga väggdekorationer för högt. Tavlorna ska vara i ögonhöjd så att de kan avnjutas till fullo!

– Samla ihop dekorativa foton och andra småtavlor från bostaden och häng dem **i ett kollage**. Det gör inget om ramarna inte är likadana, så länge motiven passar någorlunda ihop.

VÄNSTER: *Fyra tavlor med samma tema och storlek har hängts i en kvadrat. Märk väl hur färgerna i målningarna matchar stolarna kring bordet.*

OVAN: *Tavlorna har hängts bredvid varandra ovanför rummets sittgrupp. Att hänga dem ihop ger ett samlat intryck och är mer vilsamt för ögat.*

VÄNSTER: *En brokig samling av udda tavlor samt ett väggur bildar ett kollage ovanför soffan. De marina och grå färgnyanserna går ton i ton med kuddarna och sofftyget.*

Här har man samlat ihop alla rummets tavlor i en konstellation. Detta för att frigöra yta så att besökaren inte missar den vackra stuckaturen som förgyller väggarna här. Som vi nämnt tidigare är det viktigt att framhäva alla fasta inredningsdetaljer i hemmet.

Det är de små tingen som gör den stora skillnaden ...

Köksbänken har rensats från onödiga prylar och ersatts med kryddväxter, ett par kryddkvarnar och en dekorativ kokbok. Vaser med färggranna snittblommor, ljuslyktor och en skål med frukt har arrangerats i grupper på övriga ytor så att köket känns hemtrevligt.

Rummen

I den här delen av boken går vi igenom idéer och förslag på hur man kan möblera varje rum mest effektivt inför fotografering och visning.

Det finns inga krav eller regler för homestyling, så känn ingen press på att det måste vara perfekt. Däremot är det alltid värt att göra det bästa man kan av sin bostad för att attrahera så många potentiella köpare som möjligt.

Det kan kännas som ett jätteprojekt innan man kommit igång. Men när du väl kavlat upp ärmarna och börjat, kommer du snart märka att det faktiskt är riktigt kul!

När stylingen väl är färdig, ser man helt plötsligt sitt hem med nya ögon – vilket förhoppningsvis ger inspiration och ideér till inredningen av den nya bostaden. Det har faktiskt hänt att kunder bestämt sig för att ställa in visningen och bo kvar, för att de blivit så nöjda med det färdiga resultatet!

På det stora hela handlar det helt enkelt om att möblera ljust och luftigt så att besökarna kan få en bra uppfattning om rummens storlek och sedan göra det hemtrevligt med växter, textilier och annan passande dekoration.

Hemtrevligt, men inte för personligt. Målet är att spekulanterna ska bli inspirerade till att bilda sig ett eget hem i den bostad du säljer – inte att de är på besök i någon annans hem.

På nästa sida följer några tips på vad du ska tänka på innan du sätter igång med stylingen.

HÖGER: *Här har man valt fyra udda stolar i retrostil kring köksbordet. Då resterande inredning är enkel och stilren blir detta en effektfull och häftig kontrast.*

Tips

– **Planera** hur du ska inreda och var inte rädd för att flytta runt möbler och tavlor från rum till rum tills du känner dig nöjd.

– **Gör en lista** på vad du saknar och hör efter med vänner och bekanta om det kan lånas tillfälligt. Annars kan man leta på loppis, second-handbutiker och annonssajter, där det ofta går att fynda billigt.

– **Röj ut** allt överflödigt som inte platsar på visningen; privata saker, udda möbler och andra pryttlar som bara är i vägen. Tänk på att hyran av förvaringsplats är avdragsgill i samband med försäljning av bostad.

– **Renovera** eventuellt det som behövs i form av slitskador och liknande om budget finns. Redogör med din mäklare vad som kan vara värt att göra för att få ut bästa möjliga försäljningspris.

– **Städa** noggrant i varje vrå: lister, fönster, hyllor, golv ... Allt ska vara skinande rent! Även städhjälp är avdragsgill vid försäljning om du inte vill eller kan göra det själv.

– **Placera ut möbler**, mattor och allt annat där du planerat att de ska vara. Sätt upp tavlorna sist, när du känner dig färdig med möbleringen.

– **Avsluta med detaljerna** såsom frukt, växter, ljuslyktor, kuddar, etc. Det blir pricken över i:et till din nystylade bostad!

Röj ut allt överflödigt och städa sedan noggrant i varje vrå innan du börjar homestyla din bostad ...

OVAN: Badrum och kök bör vara skinande blanka på visningen. Tips och inspiration om hur man kan styla sitt badrum och gästtoalett med enkla medel finne du i kapitlet Badrum & toalett. Där listar vi även flera husmorsknep på hur man blir av med kalkavlagringar och ingrodd smuts.

VÄNSTER: *Blanka, nyputsade fönster och en städad uteplats förgyller utsikten för spekulanterna på visningen. Dekorera uteplatsen med massor av grönt för bästa resultat.*

HÖGER: *Även inne i bostaden behövs det grönska i forn av krukväxter, fruktfat och snittblommor för att ge liv åt rummen.*

HÖGER: Köket granskas noggrant av spekulanter och borde därför visas upp från sin allra bästa sida. Läs om husmorsknep som får kakel, diskho och vitvaror skinande blanka under kapitlet Kök & matplats.

VÄNSTER: *Som radhus-/villaägare är trädgården det första spekulanterna ser av din bostad. En städad och grönskande entré ger dem ett varmt mottagande.*

Före

OVAN & HÖGER: *Som här ovan ser det ofta ut när säljaren lämnar sitt hem inför visning. Det är städat och allt hänger på sin plats, men det lämnar inte mycket över till fantasin för den potentiella köparen. Som spekulant vill man hellre se hur stort utrymmet är, så att man kan fundera på om ens egna möbler får plats. Försök därför frigöra så mycket golv- och väggyta som möjligt så att rummet känns luftigt. Men spara gärna ett par tunnare plagg som dekoration på krokarna!*

Efter

Hall

Hallen blir det första intrycker för besökarna. Håll det därför fritt från otympliga föremål och se till att lister, golv och speglar är skinande blanka. Oftast är hallen ganska mörk i sig och saknar fönster, därför är det extra viktigt att tänka på belysningen här. Både taklampa, några ljuslyktor och en dekorativ bordslampa på byrån är att föredra.

En vacker blomma eller en snygg matta ger ett inbjudande intryck när man kommer in. Bort med jympaväskor, tennisracket, nycklar och gammal post. Gå efter regeln "less is more" och försök att framhäva hallen med några få vackra föremål som till exempel tavlor, en golvurna, växter, ljuslyktor eller kanske en vacker lampa i fönstret (om sådant finns), som här på bilden till vänster. Känns det tungt att hinna med städningen själv, är det avdragsgillt om man anlitar ett städföretag i samband med visning.

Ett annat tips för att göra just hallen mer inbjudande, är att hänga en eller ett par uppsättningar tunnare ytterplagg på kapphyllan. Det kan vara en stilren kappa och en scarfes hängande på en galge med ett par matchande skor på skohyllan under. Men stora dunjackor och vinterkängor blir lite för skrymmande och bör stuvas undan inför visning och fotografering.

Lösa mössor, vantar och halsdukar gör sig bäst i en korg eller undanstoppade i en förvaringslåda.

Ta gärna hjälp av våra exempel på följande uppslag för inspiration till vilken stil som kan passa i just din hall!

OVAN & HÖGER: *Det är de små detaljerna som gör helheten .... En ensam, mönstrad scarfes på en krok eller en färgstark kudde på pallen. Små knep som gör stor skillnad på liten yta.*

OVAN: *En vacker orkidé och ett par ljuslyktor på byrån, samt en knallrosa väska på golvet, livar upp den annars helvita inredningen.*

HÖGER: *Här har man valt att hänga lite ruffigare plagg på kapphyllan för att bryta av mot den stilrena inredningen i hallen.*

OVAN & VÄNSTER: *Alla typer av ljus behövs i hallen, som ofta är ganska mörk och brukar saknar fönster. Dessutom blir det ett trevligt första intryck för besökarna som kommer på visningen!*

VÄNSTER: *Den mörka fondväggen blir en effektfull kontrast mot allt det vita. Ett lätt och relativt prisvärt sätt att piffa till hallen om den känns trist och sliten.*

Vardagsrum

Det behövs oftast färre möbler än man tror för att spekulanterna ska få en bra och positiv överblick av ditt vardagsrum. En sittgrupp med soffbord och eventuellt en matgrupp kan räcka om inte fler möbler finns att tillgå.

Ett knep för att dela av ett vardagsrum i olika avdelningar är att placera en större matta under soffa, soffbord och eventuell fåtölj. Samma sak gäller matplatsen, om det finns en sådan i rummet.

Se över din belysning och placera golv-, tak-, bords- och vägglampor på lagom avstånd från varandra för bästa effekt.

Tavlor eller andra typer av väggbonader behövs för att inte rummet ska kännas kalt. En stor tavla eller en meter mönstrad textil på träram över soffan är ett dekorativt inslag.

Större fåtöljer kan ofta kännas i vägen vid fotografering och visning. Placera dem därför längs en vägg, ett fönster eller intill en bokhylla så att rummet inte känns trångt eller svårframkomligt. Gruppera dem gärna ihop med ett litet bord och en golvlampa.

Vad har du för accentfärger i rummet? Finns där en eller flera färger som går igen i gardiner, mattor, tavlor eller annan inredning? Matcha upp dessa färger med kuddar och plädar i samma nyanser, så att färgerna "binds ihop".

Sen är det dags att röja undan tv-kontroller, tv-spel , dvd:er och annat som ligger och skräpar här och var. Stuva undan dem i någon låda och ställ fram ett par växter eller en grupp ljuslyktor i stället!

Några dekorativa magasin eller en snygg bok (som denna!) kan också lämnas kvar om utrymme finns. Matcha gärna magasinen efter vem köparen kan tänkas vara för din bostad. Tror du att det kan vara en familj, en singelperson eller kanske ett par?

Före

VÄNSTER & NEDAN: En relativt färglös soffhörna har fått nytt liv med hjälp av en bunt kuddar, som i sin tur fångar upp färgtonerna i tavlorna som hängts upp. Lite blomster på bordet, ljuslyktor och några dekorativa magasin skapar hemtrevnad. En bordslampa har placerats på soffbordet i det annars mörka hörnet och på hyllorna under ligger en trave böcker samt en dekorativ prydnad.

Efter

HÖGER: *Några snittblommor i en vas och ett par ljuslyktor på soffbordet ger liv åt rummet. Notera att soffkuddarna i bakgrunden går ton i ton med tavlorna ovanför,*

VÄNSTER: *Kakelugn, öppen spis och annan fast inredning bör framhävas, då dessa detaljer är ett plus i kanten för många spekulanter.*

VÄNSTER & NEDAN: *Här är två bra exempel på hur man kan möblera ett vardagsrum så att det blir överskådligt och lättframkomligt för besökarna. De tunga möblerna är placerade mot väggen och omges av kuddar, lampor, bord och en tavla. Mycket mer behövs inte för att ge en hemtrevlig stämning vid fotografering och visning.*

OVAN: *Sittgruppen har markerats med en stor matta i samma nyans som soffans färg. Man har även valt att inte hänga upp gardiner, vilket ger maximalt ljusinsläpp från de stora fönsterna. I stället har fönsterbläcken dekorerats med flera blomkrukor för att det inte ska kännas för kalt.*

Det behövs oftast färre möbler än man tror för att spekulanterna ska få en bra överblick av ditt vardagsrum ...

Här har man ställt fåtöljen i hörnet, med en lampa intill, för att den inte ska stå ivägen vid fotografering och visning. Lägg även märke till hur det dekoreras med de gula och orangea accentfärgerna genomgående i hela rummet.

Före

VÄNSTER & NEDAN: *Här kan man tyd
se hur en fondvägg smälter samm
mer med rummet när färgerna i d
fångas upp i olika inredningsdetal
som i efterbilden. Mjukisdjur hör he
ma i barnrum, så här har nallen by
ut mot diverse kuddar i olika färger o
ett överkast döljer sängkläderna. Hu
sen har flyttats in mot väggen för
den inte ska stå i vägen. Där har d
prytts med en lampa, en trave böc
och några prydnadsföremål. Den c
tika stolen får nu agera nattygsbo
tillsammans med sin kompis på varc
ra sidan av sängen. Barnfotografier
på tavellisten har bytts ut mot minc
personliga ting.*

Efter

Sovrum

Ett sovrum är relativt enkelt att göra i ordning. Se till att sängen är placerad mot den vägg som ger bäst utrymme. Om det är en dubbelsäng ser det trevligast ut med nattygsbord på bägge sidor om den.

Två matchande pinnstolar eller pallar går också bra och kan ofta fyndas billigt på närmsta loppis. Ställ en bordslampa och kanske en dekorativ stapel med böcker på dem, så har du kommit en bra bit på vägen!

Drapera sängen med ett överkast eller större filt så att sängkläderna täcks och strö sen ut några dekorativa kuddar som binder ihop färgerna i rummet.

Ett kollage med tavlor på väggen, eller en större tavla, tillför lite färg och liv. Om rummet är litet är det ett bra tips att hänga upp en stor spegel i stället för tavla. Det ger en känsla av större rymd i rummet.

Damma av byrån, om du har en sådan, och dekorera med en liten vas eller någon annan prydnad. Mycket mer behövs inte för att ge ett trevligt första intryck av ditt sovrum!

Barnrum

Det är alltid härligt med mycket färg i barnrum. Men använd ett par grundfärger som går igen i alla textilier, möbler, mattor och väggar. Annars kan det se spretigt och stökigt ut.

Plocka bort överflödiga leksaker eller lägg dem i matchande korgar/förvaringslådor, som kan köpas billigt på större varuhus. Placera korgarna längs väggen eller i bokhyllan så att de inte står i vägen.

Rensa väggar och skrivbord från överflödiga prylar så som diplom, klistermärken, skolscheman och annat smått och gott som de små liven gärna samlar på sig. Ett pennställ och en lampa kan räcka på skrivbordet och en snygg leksak eller en trave barnböcker duger som dekor på byrån eller nattygsbordet. Glöm inte att även barnrummet kan behöva en liten blomma i fönstret!

HÖGER: *Kuddarna och överkastet plockar upp nyanserna i den vackra tavlan över sängen. Två pinnstolar agerar nattygsbord och till vänster har man hängt upp en dekorativ klänning i stället för tavla.*

VÄNSTER: *Här har man valt en vit bas och jobbar med gråa och bruna toner i inredningen. Det här sovrummet är ett bra exempel på att det är de små detaljerna som gör helheten, för utan dem hade rummet känts ganska kalt och trist.*

HÖGER: *Det här rummet har fått en 70-talsprägel med modern touch. En städad bokhylla ger ett sobert helhetsintryck. Har man tid över kan man ställa böckerna i färgordning som en kul detalj.*

Drapera sängen med ett överkast och strö ut några dekorativa kuddar som binder ihop färgerna i rummet ...

OVAN: *Barnrummet på den här bilden har en lekfull touch, där man blandat gamla och nya möbler och en massa olika mönster. Men inredningen hålls samman av att man håller sig till blå och röda accentfärger vilket gör att det ändå inte ser spretigt ut.*

Barnrum

HÖGER: *Det här genomgående vita rummet har förgyllts med knalliga färger såsom gult, grönt och blått. Bokhyllan har städats och organiserats. En blomma, en lampa och ett par leksaker pryder fönsterbläcket.*

VÄNSTER: *Möblerna har placerats längs väggen så att det blir lätt att ta sig fram till fönstret. Rummet känns då även rymligare och det blir lättare att se hur stort det egentligen är.*

Före

Efter

VÄNSTER: Fönsterbläcket har prytts med en orkidé samt några matchande ljuslyktor. På matbordet står en mindre växt och ett fat med frukt. Tänk på att inte ha för höga växter på bordet om det hänger en lampa över – då "krockar" de i bild! En golvvas med snittblommor ger ett välkomnande intryck för besökarna.

Före

HÖGER: Den stora kaffe-bryggaren och hushållsrullen har bytts ut mot en kruka med basilika (i det här fallet fick en kaffekopp agera kruka), ett fruktfat och några dekorativa kokböcker. Olje- och vinägerflaskorna som tidigare stod utspridda har nu i stället samlats i grupp.

Efter

Kök & matplats

Köket är en viktig del av hemmet som synas extra noga av spekulanterna. Ser det alltför slitet ut är det många som tvekar, då de kanske inte räknat med en renovering i sin budget. Därför är det bra att vara extra noggrann när du gör i ordning denna delen av hemmet.

Rensa köksbänken från onödiga saker. En enkel kruka med en kryddväxt och ett par kryddkvarnar, eller en skål med frukt kan ibland räcka. Har du inte möjlighet att frakta bort mikrovågsugnen kan den självklart stå kvar vid fotografering och visning. Dekorera gärna matbordet med några värmeljusstakar eller en blomvas.

A och O i köket är rengöringen! En spis med intorkade rester på hällen eller en flottig mikro ger ett slarvigt intryck, vilket kan få spekulanterna att tveka. Här följer en lista med tips* på köksrengöring som vi hoppas kan vara till hjälp.

– Har du kyl och frys av **rostfritt stål**? Då vet du att de kan få flottiga fingeravtryck som är svåra att få bort. Det finns en enkel lösning till detta – ta bara mineralvatten på lite hushållspapper och torka bort!

– Är din **diskho** full av ingrodd kalk och smuts? Blanda lika delar ättika och vanligt vatten i en blomspruta. Spruta på utsatt område och låt det verka en stund. Torka sedan av med lite papper och det blir skinande rent – enkelt och miljövänligt!

– För att göra **mikrovågsugnen** ren fungerar det utmärkt med det billiga och miljövänliga alternativet citron. Placera en skål med kranvatten och några skivor citron i mikron. Kör mikron på 600 watt i 30 sekunder, torka sedan ur. Gamla matrester lossnar lättare och citronen sprider en härlig doft.

– Städa **ugnen** invändigt genom att blanda tvättsåpa med vatten i en blomspruta och spraya. Vrid upp värmen till 100 grader och låt stå i 20 min. Sen är det bara att enkelt torka av all gammal ingrodd smuts med en fuktad svamp.

**Läs mer under Källor.*

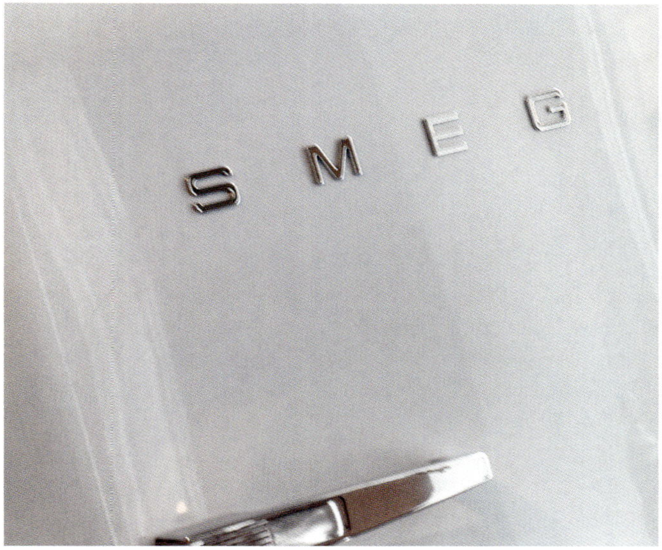

OVAN: *Ett relativt vitt kök har dekorerats med frukt och kryddväxter i starka färger såsom gult och grönt. De öppna hyllraderna ovan har tömts från onödiga föremål och pryds endast av ett par kokböcker och oljeflaskor. En enhetlig uppsättning vinglas, kaffekoppar och skålar kan också vara snyggt att lämna kvar.*

VÄNSTER: *Här har man valt att hålla sig till svartvitt och stilrent, även i detaljerna. En enkel orkidé blir en färggrann kontrast tilll den moderna inredningen. Kryddväxten i hörnet bryter också av och skapar hemtrevnad.*

NEDAN: *Det färgglada kaklet matchas upp med röda kvarnar och en röd förvaringsburk på bänken. Glöm inte att torka av den köksutrustning du väljer att spara på visningen så att de inte är dammiga eller kladdiga.*

VÄNSTER: *En antik matgrupp balanserar upp den moderna stilen i hemmet. Möblerna har flyttats mot mitten av rummet så att det blir fritt och lättframkomligt vid fönstret. Enkla snittblommor i en vas dekorerar matbordet och en fruktskål lyser upp köksbänken.*

OVAN: *En orientalisk matta ramar in matplatsen och lyfter fram de stilrena möblerna.*

OVAN: *Vackra, svepande gardiner i ett skirt material markerar fönstret utan att stänga ute ljuset. Det antika bordet omgärdas av vita stolar av modernt snitt. En färgstark tavla ger matplatsen karaktär.*

VAN: *Detta nordiskt svala kök har dekorerats med frukt, kryddväxter, levande ljus och en färgrik bricka* ...kom kranen vid diskhon. Glas och porslin står snyggt iordningställda på de öppna hyllplanen. Man har ...lt bort matta i köket för att i stället låta det laserade golvet göra intryck.

Badrum & toalett

Precis som med köket är det alltid bra att städa lite extra i badrummet och på gästtoaletten. Fogrengöringen för kakelfogar används även här för att bekämpa missfärgningar och ingrodd smuts.

Avlagringar och kalkrester runt handfat, dusch, bad och toalett gör att det ser ostädat ut och förstör bostadens helhetsintryck.

Det finns massor av bra tips på nätet om produkter som ska vara effektiva mot detta. Vi bidrar här med några husmorsknep* som sägs hjälpa.

– Pressa **citron** på de kalkfläckade områdena och torka av direkt efteråt med en fuktig trasa.

– Häll en burk **Coca Cola** över kalkbeläggningarna i din toalett. Låt det verka i en timme. Skrubba och spola sedan noga. Den aktiva ingrediensen i Coca Cola är fosforsyra, det är den som gör att kalket löses upp. Polera gärna din toalett med bilpolish efteråt, det ger en blank och lättstädad yta.

– Problem med ingrodd smuts i badkaret? Dela en **grapefrukt**, häll på salt på snittytorna och gnid på badkarets insida. Grapefrukten innehåller nämligen en syra som tar sig igenom smutsen och kombinationen salt och syra gör att grapefrukthalvan fungerar som en skurborste.

– Gör rent i toalettstolen med vatten, **bakpulver och citronsyra** och skrubba med en toalettborste.

– Kalkfläckar och kalkavlagringar på kakel- och klinkerplattor tas bort med **ättika**. Värm upp ättikan och spraya på fläcken, skölj sedan med vatten och torka av.

**Läs mer under Källor.*

Före

VÄNSTER & NEDAN: En sak som många säljare missar inför visning är att göra i ordning badrummet. Ofta står gamla schampoflaskor och rengöringsartiklar kvar, vilket gör att det ser ostädat ut. Det bästa är att helt enkelt röja av alla ytor och endast ställa dit vackra föremål som förhöjer rummet. I det här fallet har man lämnat några snygga tvålflaskor, samt ställt dit en orkidé och ljuslyktor. Ett par rena handdukarna har även strukits och vikts prydligt. Mer avancerat än så behöver det inte vara!

Efter

VÄNSTER: *Byt till re handdukar i matchan färger. Om du vill lä na någon snygg fla: framme som dekor, se att torka av den först att den blänker!*

VÄNSTER: *Även i bad-rummet bör förvaringen ses över. Lådor och kor-gar kan köpas på de flesta möbel-varuhus om de befintliga behöver bytas ut.*

OVAN & VÄNSTER: *Växter gör underverk för ett kalt badrum. Placera ut några små krukväxter där det finns yta över, så kommer du att se vilken skillnad det gör! Glöm inte att tvätta draperier och torka av badkar och duschkabiner så att de skiner. Tips på hur man får rent dem hittar du på föregående uppslag.*

HÖGER & VÄNSTER: *Här är några bra exempel på hur färgvalet kan förändra ett helt badrum. Oavsett om du väljer färgglatt eller svartvitt, så se till att hålla temat enhetligt i alla detaljer och textilier.*

VÄNSTER: *Städa ur dina förvaringskorgar så att de inte ger ett skräpigt intryck på visningen. Några gröna växter ger grönska åt rummet.*

HÖGER: *Är toaletten gammal och sliten? En enkel fondvägg och lite ny färg kan göra susen. Men glöm inte att skrubba rent alla ytor så gott det går.*

Kontor & hobbyrum

Kontor eller hobbyrum är oftast mindre rum som även kan användas som gästrum. Det är alltid en fördel att visa hur många av rummen i din bostad som kan användas som sovrum, så om utrymme och möjlighet finns kan det vara bra att ställa dit en enkelsäng.

Det kan räcka med en tältsäng som täcks med ett större överkast med en stol eller pall till nattygsbord. Ställ sedan en lampor eller en trave böcker på bordet.

I övrigt är det bra att rensa bort så mycket som möjligt och endast ha framme det som förhöjer intrycket av rummet. Om det finns ett skrivbord, ställ dit ett fint pennställ eller en liten vas som dekor. En enkel matta på golvet eller andra textilier såsom plädar, kuddar och gardiner ger rummet värme och gör att det känns mer ombonat.

HÖGER & NEDAN: *Vitt på vitt på vitt är sällan ett bra alternativ. För att rummet ska kännas levande behövs färger, växter och möbler som ger det karaktär. En antik stol mot det moderna skrivbordet ger arbetshörnan charm och karaktär. Ta även bort alla sladdar och datorer. Eventuellt kan en mindre dator sparas, som här på efterbilden. Städa undan papper, pärmar och annat som känns för personligt och behåll endast någon enstaka detalj som livar upp skrivbordet.*

Före

Efter

För att rummet ska kännas levande behövs färger, växter och möbler som ger det karaktär ...

Det är alltid en fördel att visa hur många av rummen i din bostad som kan användas som sovrum ...

VAN: *Här har man valt att ta bort skrivbordstolen för att underlätta framkomligheten i det ganska tungt möblerade rummet. Byrå och skrivbord har röjts från ·erflödiga saker för att det ska kännas rent och fräscht. Några gröna växter har i stället placerats ut för att ge liv och färg åt rummet.*

ÄNSTER: *Rummets färger går enhetligt i sblått och beige. En enkelsäng och ett ·t sidobord har ställts in för att visa att det ·en kan användas som sovrum/gästrum.*

HÖGER: I biblioteksliknande arbetsrum kan man med fördel rensa i hyllorna så att det ser snyggt och organiserat ut. Är rummet smalt bör man ta bort överflödiga möbler så att spekulanterna inte behöver tränga sig fram på visningen. Textilier som gardin, matta och pläd ger rummet det lilla extra.

OVAN: *Små arbetsplatser som denna behöver inte så mycket inredning. Någon enstaka detalj på skrivbordet kan räcka. Notera att de ställt skärmen mot väggen så att man lätt kan se ut genom fönstret utan att behöva flytta på något.*

VÄNSTER: *Här mixar man gammalt och nytt i en charmig blandning: ett antikt skrivbord med en modern stol, retrolampa och modern konst. Allt funkar så länge det finns en röd tråd i inredningen – i det här fallet har man valt att tona ner färgerna till enbart svart och brunt för att det ska bli enhetligt.*

Före

VÄNSTER & NEDAN: *Trädgårdsredskapen och grillen har här bytts ut mot färggranna kuddar, trasmatta, ljuslyktor och växter. Vem skulle inte vilja sitta och ta ett glas vin i kvällsolen på den här uteplatsen?*

Efte

Uteplats & trädgård

Det är inte bara homestyling inne i bostaden som är viktigt vid försäljning. Balkongen, trädgården eller uteplatsen kan attrahera många köpare och bör därför visas upp i sitt finaste skick!

Se därför över blommor, rabatter och gräsmatta så att allt är snyggt och prydligt inför visningen.

Stuva undan barnleksaker, gräsklippare och trädgårdsverktyg. Städa i förråd, garage och lekstuga. Kratta gångar och byt eventuell trasig utebelysning i trädgården. Gör entrén välkomnande med en dörrmatta och varför inte en växt i snygg kruka utanför dörren?

Glöm inte att putsa fönstrena både inifrån och utifrån så att de blänker. Även fönsterbläcken på utsidan och altandörrar bör tvättas rena.

Det finns särskilda rengöringsmedel för stenplattor, som annars kan vara ganska svåra att få bukt med. Se också över markiser och parasoll om dessa ska vara framme på visningen.

Om det är säsong för utemöbler så skrubba av dem, lägg dynor i stolarna och häng gärna en pläd över ryggen. Ställ fram lyktor och annat fint som kan förgylla uteplatsen så att den blir attraktiv för spekulanterna.

Här följer några husmorsknep* som sägs ska hjälpa vid utomhusstädning!

– Rengör grillgallret: Tag en bit ugnsfolie och gör till en boll, i stället för stålborste. Doppa bollen i Coca-cola (eller såpa) och gnugga gallret så försvinner smutsen.

– Gröna trädgårdsmöbler: Ta bort gröna algavlagringar på utemöbler genom att göra rent dem med 1 liter ljummet vatten + 2 dl ättika. Skölj noga efteråt med vanligt vatten.

– Ohyra på växter: Om du fått löss på krukväxterna, koka en rejäl knippa persilja i vatten och använd det avsvalnande koket att vattna med så försvinner de.

– Mögelfläckar på utedynor: Täck fläcken med flytande, koncentrerad galltvål (men prova först på en liten fläck). Gnid in rejält med en svamp eller borste doppad i vatten och citronsyra. Låt verka 10-15 minuter, gnid på igen tills det försvunnit. Badda till sist med rent vatten och tryck ur vattnet med hushållspapper. Galltvålen hjälper även mot vita utemöbler som gulnat.

–Rengöring av stenplattor: Hyr en högtrycksspruta hos din lokala järnhandel och spruta på plattorna. Det tar bort det mesta av smutsen – och om du har tur även en del ogräs och mossa som samlats mellan dem!

**Läs mer under Källor.*

Balkonger

Färggranna växter kan liva upp den tristaste balkong! Var inte rädd för att använda många krukor och amplar så att det grönskar rejält.

Ett litet bord och två stolar räcker som möblemang. Addera sedan ett par kuddar, en pläd och kanske några ljuslyktor, så är det i stort sätt klart.

Glöm bara inte att skura av hela balkongen innan! Om du har ett cementgolv som känns trist kan man antingen gå den lite mer komplicerade vägen och lägga ut en heltäckande trätrall. Annars duger en enkel trasmatta fint som golvprydnad. Om det är ett äldre trägolv inlagt, kan det behövas slipas och strykas på ett lager träolja för att få upp lystern.

Oftast har balkonger en väldigt neutral bas när det kommer till färg och form, så här kan du i stort sätt välja vilka accentfärger och växter du vill för att skapa trevnad. Men se till att blommorna du köper trivs i det läget balkongen ligger så att de inte vissnar direkt. Glöm inte att fortsätta vattna dem efter fotograferingen bara, så att de håller sig till visningen och förhoppningsvis längre än så!

NEDAN: *Silverljustakarna på bordet ger ett sobert intryck och de blommiga kuddarna bidrar med färg. Blomsterarrangemanget i den tjusiga balkonglådan blir ett elegant inslag på balkongen.*

Var inte rädd för att använda många krukor och amplar så att det grönskar rejält ...

På denna balkong har man grupperat både hängande och stående krukor. Även på bordet har man dekorerat med växter och andra prydnader som matchar den övriga inredningen. Att slipa och olja slitna trägolv ger en ny lyster åt balkiongen och är att rekomendera inför visning.

HÖGER: *En nyklippt gräsmatta kantad av en praktfull rabatt ger ett välkomnande första intryck för besökarna. Se även över fasaden på hus, garage och förrådsbodar om de behöver tvättas av inför visning.*

Trädgårdar

Som vi tidigare beskrivit så är det bäst att börja med en rejäl storstädning av trädgården eller uteplatsen.

Ställ undan verktyg, barnleksaker och gräsklippare och städa garage, lekstuga och förråd. Se även över rabatterna om de behöver rensas på ogräs. Kanske behöver de förgyllas med lite färgglada blommor? Klipp gräset, skura utemöbler och kratta eller sopa av uppfarten.

Avsluta sedan med det roliga – piffet! Gruppera stolar och bord i sittgrupper runt om i trädgården. Dekorera med växter i snygga krukor, sittdynor, plädar, lyktor och annat som kan förbättra upplevelsen för spekulanterna.

OVAN: En stenbelagd baksida får liv av några udda krukor, samlade i grupp. Knalliga färger på sittdynorna livar upp sittgruppen. Även förrådsstugan kan behöva storstädas inför visning.

HÖGER: Man har här skapat en liten oas i ett hörn av trädgården. Med hjälp av höga växter och stenar skärmas sittgruppen av och blir ett mysigt uterum. Några strategiskt utplacerade lyktor bidrar med mysfaktor.

OVAN, VÄNSTER, NEDAN: *Det behövs inte köpas nya, dyra krukor eller andra inredningsdetaljer till stylingen om man inte vill det. Här ovan och till vänster samlas till exempel några udda krukor som ett charmigt kollage vid planteringsbordet. Nedan har man dekorerat med en vattenkanna i zink bredvid rabatten. Plastkannor, hinkar och vattenslangar kan dock få stanna kvar i förrådet.*

VÄNSTER: *Arrangera hellre små sittgrupper i trädgården än att ha alla bord och stolar samlade i en klunga. Någon krukväxt på bordet och sittdynor på stolarna ger en hemtrevlig och ombonad känsla. Även husets tak och fasad bör ses över och eventuellt tvättas av inför visning.*

Checklista ✔

☐ **Planera** hur du ska styla ditt hem, rum för rum, och vilka möbler som ska stå var. Behövs ytrenovering någonstans, kanske någon vägg som känns sliten och behöver spacklas och målas om?

☐ **Skriv en lista** på vad som saknas och ring runt bland vänner och bekanta för att se om något kan lånas. Alternativt inhandlas billigt på loppis eller second-hand. Gör en budget på vad det resterande kan kosta.

☐ **Röj ut** allt som inte ska vara i hemmet under visning och fotografering. Hyra av förråd är avdragsgillt under försäljningsperioden. Mindre saker kan stuvas undan i byråer och förvaringslådor under tiden.

☐ **Renovera** det som behövs, annars är det bara att sätta igång att **storstäda** varje skrubb och vrå. Fönster, golv, diskho och badrumsinredning bör vara skinande blanka.

☐ **Ställ tillbaka** alla möbler som du planerat. Häng upp tavlor och andra vägg-bonader när du möblerat klart, så att de hamnar rakt över soffgrupp, mat-bord, säng, etc.

☐ **Dags för detaljerna!** Bunkra upp med mycket frukt, kryddor, snittblommor och annat grönt och placera ut dem strategiskt där de passar. Alla rum förtjänar minst en växt! Snygga även till bord, byråer och andra ytor med ljusstakar och lyktor. Kuddar och plädar kan inhandlas billigt på större möbelvaruhus och blir den sista pricken över i:et i din styling.

☐ Nu kan du sätta dig ner med en kopp kaffe och beskåda resultatet. Känner du dig nöjd är det bara att **lämna över nycklarna till din mäklare och låta denne sköta resten av jobbet!**

Lycka till!

Hälsningar
Charlotta & Jeanette

Om homestyling

Inger Klondiras
Säljare av stylad lägenhet

"Vi försökte sälja vår lägenhet vid två tillfällen, men utan någon större framgång. När vi provade en tredje gång rekommenderade vår nya mäklare oss att anlita en inredare och styla hemmet.

Till en början var vi lite tveksamma. Skulle vi få tillbaka pengarna som vi la ut? Nu i efterhand är vi glada att vi lyssnade på vår mäklares råd, då det visade sig att lägenheten såldes direkt efter första visning och vi fick ut vad vi ville ha för den."

John Nilsson
Fastighetsmäklare

"Att anlita en duktig inredare som hjälper till med stylingen inför försäljningen av din bostad, är en av de bästa investeringarna du kan göra.

Gång på gång har jag sett vilken skillnad det gör för både slutpriset och försäljningstiden, så jag rekommenderar alla mina kunder att homestyla i någon form. Antingen i egen regi om man har kunskaperna och tiden, eller att anlita någon som gör jobbet "

Jeanette Westberg
Mäklarfotograf

"Bilderna i annonsen är det första spekulanterna ser och de ska skapa ett intresse att vilja veta mer. Därför är det viktigt att man lägger ner omsorg på att förbereda sitt hem inför fotografering.

Det är alltid "det där lilla extra" som gör bilden. Dvs växter, levande ljus och färger, vilket ger värme och skapar trivsel.

Tycker du att det är svårt eller inte har tid, anlita en inredare som ger dig tips på vad du kan göra i ditt hem eller låt dem göra hela jobbet!"

HIP HOTELS

Källor

Om homestyling: www.wohnhaus.se, www.homestyling.se

Om städtips & husmorsknep: www.tv4.se/rent-hus, www.stadtips.com, www.mammavet.se

Om oss: www.morigo.se, www.brocare.se

Tack

till er som gjort denna bok möjlig ...

Familjen Deremo
Mr Gunnarsson
John Nilsson
Ann-sofie Ejdelund
Inger Klondiras
Youssef Bakali
Therese Larsson
Fredrik Johansson
Camilla Kempe
Renee Rubemstei
Henrik Eriksson
Maria Sarensten
Maria och David Flingdal
Bengt Kerger
Christina Hassel
Berit Alm Lindqvist